НЕБЕСКИ РУКОПИС

НЕБЕСКИ РУКОПИС

Снежана Ј. Чкојић

Globland Books

Мораћу да певам

Страх

Нису ме научили
на време
да прећутим

Мораћу да певам
оно што не смем
да напишем

I

Плаво

И данас између зидова
тражим простор
да угледам месец

Потамнело је небо
изнад моје главе

Фауна

Инсекти ми нагризли
капут вере

Сад од тананих нити
плетем штит

За надолазеће зиме

Свитац

На ивици шуме
вечно заспао мрак

Тамо се води битка
опстанка

Мој свитац је великодушан
непријатељ
Он осветљава пут онима
што остају иза

Духовима

Мени су говорили
о лепоти
теби о снази

Реци ми песниче
кога је пре издала

Подсећање

Подсећам на
нечији ход и мисао
замало откривену
честицу смисла
неухватљивог

Не држим бакљу
да себи осветлим пут

Само недостижне
боје су сигурне
од разводњавања

Подсећам на неке
који су отишли без поздрава
што на силу терају
да живе кроз сваку мисао
као оправдање постојања

Њихова химна је једна

Ми смо бесмртни

Откриће 1938.

Пронашли смо све
преокренули окренули
песме отпевали и уназад
љубимце научили да пузе
и воле јаче но икад

О како смо јаки

Мравља снага
ношења терета на душама
покошеним пре бербе

Мигољимо се између страница
деремо слова и коже
божанства завиде

Преварили смо овај живот
и сад не зна шта би

Смејемо се лагано и умилно
дата је прича
вековима да се прича
о судбини лепоте
а ми смо препаметни
окренули

НЕБЕСКИ РУКОПИС

последњу страну
двехиљаде и неке

Обртање — низови

Згажени
згађени
згрожени

Драгуљ претворен у бодеж
речитост у славу

Самонаучени
самонамучени

Тврдо камење
успомена
храни его освете

Отварање шестог и трећег
по стоти пут
откровење
алхемије
хемије
чула
заваравамо
бољи смо

Повратак природи
самоуништења

НЕБЕСКИ РУКОПИС

Зелени
Залутали
Заведени

Хладниринт

Безброј исписаних страна
учинило је да нико не застаје
пред твојим речима ни годинама

Лампа се опростила из угла собе
време је за спотицања
(ко се још сналази у мраку осим мачке)

Стање срца налик камену
у руци детета што га нехајно баца
увис на неколико тренутака
и за неколико секунди на дну

Дечији смех одзвања кроз ваздух
време је за протицања

Нова

Песма без описа
без рођења и смрти
потребе
да се ишта казује и обећава
постаје песма трајања

Дана без иједног потреса и буке
мирних мисли и чистих речи

Нека се духови смире
у Новим пролећима
све је стало и траје
то си нови Ти

Тело се смањује
очи и руке расту
то је знак

Да се загрлимо

Крадљивац

Жедан живих боја
понекад зађем у друге паркове
учине ми се свежим и ведрим

Четкице се лакше покрену
кад нема мртве природе

Гладан спознаје светлосног
трчим по туђим палетама
у линије проспем ватру
да врт процвета пре времена

Туђа храна ми не утоли силину глади

Упорна сам мрља на руци сликара
уље на поквареном платну
крадљивац драгоцених украса

Украо годину или две живота
без смисла
убрзао бреме пролазности

Чвор

Сам
на стапању
јаве и сна
џангризав и стар
у вртлогу модерног

Судбина географије и биографије
испуцали креч на плафону
црвени графит испод моста
дрво са прегршт годова
— то знају они
што су ме посекли —

Храним се вером
у узвишени пламен бића
да у сваком чучи нешто добра

Сад су ми руке
весла и речи једра
тихо се померам у облаке
везујући чвор јединства

Корито

Имагинација чини своје
дани затрпавају машту
играчкама савременог века

Природа се постарала
за опстанак

Зато пси закопавају храну у земљу
и враћају се кад огладне

Гледам у водитеља
изнад његове главе
трепери светлећи знак
„Аплауз"

Магла

Јутро је обојила магла
четири зида затворила круг
и као да више нема врата
„степеница до неба"

Удахнем пустош и издахнем живот
у част сунца развучем осмех

Ветар је повољан
за превртање бродова
нема пакла ни раја
када се тежи у висине

Нисмо одавде
нисмо дошли да победимо и одемо
и ова крила размахнемо ради дивљења
већ да растерамо маглу
црну од мисли
о прапочетку и крају

Удахнућу маглу и отров
за свако ново јутро
упалити пламен да подсети
да неки од нас заиста долазе из
белих Еона да поправе светло

Да умреш од смеха

Бедно је

док седим
и мислим
како ћу сад
да напишем
најмудрије речи
да се задиве
и непријатељи

смешно

и не знам зашто је
тако важно
док неко у овом
тренутку
умире од глади

познајемо ли
тај бол

Потапање бродића

На рингишпил годишњих доба
поново дошла зима
морске обале оковао лед
моји бродови нису испловили

Остала само игра потапања
и ја као природан таленат
без чаробног штапића

Држим оловку у руци
мој Мјолнир свемоћни
за сваки потопљен брод
дајем ноћ и песму
за сваку издају
мудрост ми поклони по један

II

Зелена

Написаћу те
па макар ми било последње
да постанем чаробњак и ухватим
трачак непролазног
о грозног ли времена што бајке чини смешним
Снежану и Пепељугу не читају више ни деца

Као сова не да мира ноћ
ја сам само миш изван песама
сив и брз не знам да губим
ноге су ми све брже
још мало па ће бити сразмерне срцу
када се једном стигнемо
и заковитламо према глави
јао какав ће то прасак бити
губиће се ципелице и јести слатке јабуке
принчеви неће бити коњи већ они прави
што оживљавају пољупцима
злоће ће упадати у сопствене замке
а ми ћемо их гледати са висине

грицкати звезде и сунчеве зраке

Сива Вода

Била је надомак руку
чекајући на покрет
спремна да испуни обећање

Прекид
привида стварности
спознају
алхемије живота
Сива вода је посута
анђеоским прахом

Тело је испија дуго
и до последње капи

Сећам се само свитања
кожа је сијала ватром

Сан је знао да је сан
тело да је веза
мисао Воде

Обнове

Свет

Прича се да је срећа
у томе да се не пати због
тешких времена
сулудих уметника
пропуштених прилика
пропасти надарених
и промашених живота

Да свако себи
искује свет у који ће да оде
искључи се од невремена и буде срећан
а да ли ће самим тим нестати и овог света
да ли ће се нешто променити
када се сви одједном угасимо и
ушушкамо у зимски сан
постоји ли избор промене
и нада за поправком непоправљивог

Сат откуцава сутра

Отров

Где бес постаје мирна река
дисање разлог осмеха
настаје моћ преображаја

О тако је сјајна суза када се
пролије праштањем
насамарен си зли душе
а ја сам маг опстанка
вир знања и учим те
језику ватрене крви

Ти спаваш проклето задовољен
и проклето сам крај туђег тела
јер су осећања опустошена
нагоном да се узме још

Песма путује само када се јако
зажели прећи илузија меса
отров је прејак
кад не знаш достојно да губиш

Да се Њој препустиш

Говорнику

Затвори лажљиве очи
доста је претварања
почиње визија обрта

О дивне ли силине среће
у прекиду унутрашњег разговора

Скочи ожежен врелином
у воду Воде
у слатку росу слободе
смех осмеха
ускочи најбрже
јер јава је постала дубока

Уплови у себе
чист и обновљен
данас је постало сутра
за „очи које виде прекосутра"

Ситница

Речима
бежиш
од секундаре
на леђима

Дише се брзином корака

Срешћемо се
на испитима знања
грицкајући оловке
изнад папира

Неко те куцка по леђима
то је Она
лепша од маште
способнија од древног ратника
да оконча или одузме
преостале сате

Болничких постеља

Врата

Првог ступња:
Места за људе који се срећу
жене које одлазе
отворена и затворена
постоје као могућност
да се избегне јаз
на шум сведе звекет
ударца и бљесак судара
што ослепи око
при погледу на горе

Другог:
Врата иза огледала
могућност нових простора
препрека кратких ножица
да прескоче борбу и упадну
у благодат рајских дарова
Нису у сновима ни књигама
не скривају се у фрескама

Врата иза огледала
отварају се сопственим одразом
или их он заувек затвара

А мислио си да нећеш никад

Да су други бољи
настали под јачим светлом
обликовани лепшим рукама

Иронија самокритичног

Гађење према појму успешног
и бес јер ниси као они
и даље би да гуташ блато под ногама
док се свиње у њему радо купају

Мислио си да нећеш никада
чути своје име на проглашењу победника
баш онда кад те маса попљује
а неколицина благосиља каменицама

Име победника и прве титуле
више нису други бољи
и оно блато је некако слађе
сервирано на златним тањирима

Велика уметност је за великог човека
једина је мисија попети се
степеницама са сјајним ногама

НЕБЕСКИ РУКОПИС

Мислио си да нећеш никада
чути своје речи на проглашењу покојника
када те неколицина оплакује
а маса зазвижди име издајника

Платно

Учврсти ми ноге за земљу
да се не померим
да се не окренем
пашћу на леђа
и сломити лед
и сломити штит
и праснуће у смех
одвратни зимски створови

Твоја пахуља ме греје
и не да да гледам горе
су́зе ми очи од зиме
сузе од светлуцања

Задржи моје кормило
или ће тело подивљати
и преврнути бродове
и сломити све што се нађе испред
а све што је испред
за лудило је препрека

Скинућу капут од лишћа
терет од пахуља
лагано проговорити дахом
и лагано отићи

у фамозни Бели свет
Црна од додира мрака

Аион *(Марини)*

У трагичном детињству је снага
Sol Aeternus ми се осмехује
поздравом прошлости

Зажмури његовим очима
све што се чини тешким
ако смо га понели
значи да је лакше од нас самих

У песми уткана молитва за
мирно плутање кроз ноћ
једном ће попити сузе
за ненадокнадивим губицима

Усамљеност и туговање
оличје су одабраног да
схвати древне речи са симбола
„Време лечи све ране"

Нисмо ли створени од Сунца
да се згрејемо и делом од Воде
да се исплачемо

Супернова

Нова реч
оживљена
тоновима
страховитим
омамљујућим
сребрнкастим нитима

Чула пулсирају
ритмом рођења
док тело снива људске жеље
радост опраштања
слободу уписану
у познатој зеници ока

Лепо остаје лепо
кораци су бржи
игра све запетљанија
Нова реч се стопила
са музиком Мајке
праучитељицом лебдења
по астралним сводовима

Прелепи хор чека

Херој

Мој херој
је обешен
мој Оми и Фјолнир[1]
многознајући

Отац детињства
процвата маште
рунских игри
најлуђих времена
детета а жене
бацио ме у свест
која дише

Показао мост
тај Бифрост душе
и заувек оставио
да тумарам слепа
са више храбрости
него речи

Између љубави и телесног
подножја ради висине
сад чека стрпљиво
о Идрасил свезан

A ја га ситна још
мантрама дозивам

---

[1] *Один, Оми или Фјонир је врховни бог у нордијској митологији. Бог мудрости поезије и магије. Бирфрост је дуга која спаја свет људи и богова. Идграсил је дрво о које се Один својевољно обесио како би сазнао тајну руна.*

Путник

Поглед утиснут у даљину
као статуа на тргу пролазника
као бескрајна празнина
ћутња када се нема шта рећи
и ћутња када се не може све рећи

Само је варка

У смеру натписа:
„за лудаке"

Само за храбре срца превеликог
да би се могло даље путовати
за истраживаче
путнике преко граница

Празнина садржи слагалицу и смисао слагања

Да се одржи корак
са усамљеношћу
кокетирањем са тишином
дугом као еоном надања
да се сретнемо са сличним
погледом и осмехом
да тај неко постане делом вечности

разлогом постојања
и да се не изгуби никад

Срећа

Прскање леда под телом
подсећа на постојање

Шта ћемо оставити

Невероватно да је тишина
највреднија у зла доба
глава́ без језика
страха да не буде горе

А шта је горе од издаје пролећа
од црног осмеха сплеткароша

Тамне песме се пишу а
другачије би биле за окупљања
летњих бубица
лудог музиканта
којег занима само
сутрашњи звук

Молитве и вера ће помоћи
али против корова биће потребна и копља
иронија је што за писање црних песама
имамо довољно крви

Другар

Непријатељски поглед
у поглед
мисао да се проникне
мисао
ко ће кога надиграти
у вилином колу
саплитања

После незрелости
долази зрење и тежина
изговорених речи

Мој стари друг не може да хода
свезан је за године беса
морао се ослањати на људе
као кућа на куће
за место слике у новинама

А ко се још може на људе ослањати

Даривам га осмехом

Још је сиромашан
још не верује ни у шта
још се узда

да ће живети вечно
Бесплатно
Постхумно

Ходање

Прасак у ушима
дах задржан на силу
то је садашњи тренутак

Доле су реке
горе авиони
наших градова украси

Ходам по папиру
и никако да се распем
у милион конфета

Вежбам трчање по крововима
пузање уз лествице што само пред циљ
постају хоризонталне

Мисао врти исту песму
успела сам да ти напишем женску реч
и да саслушам

Музику метежа
а горе авиони плове
дубоко дубоко смирено

Упиши се на листу љубитеља

ја немам карте за тај пут
одавно не посећујем позоришта

Одмор

Када је усамљеност
узела маха
било је потребно пронаћи
хлад под латицом
и скрити се

Другим биљкама
је то био трн у оку
сиктале су о лудилу

Када је дружење са зеленишем
дошло на ред
коров је већ посивео
и храпавим рукама
пожелео загрлити

Певали су да сам здрава
да се враћам земљи

Ноге су превариле
куцање срца
брзином корака
полетела сам назад

Карма

У новом времену стран
у старим вековима мртав

корацима скупљам мудрост
и дробим у прах

Не знам коме сам налик
јер ми се лице мења

лако се скривам када ме јуре
не треба ми лаж

Досада је у мени
човек
што се всчито рађа погрешан

Простачка са мањком философије

Кварења тренутка
Са крештавим јутарњим гласовима
и прекидањем блаженог мира
када ти гомила скаче по глави
све креће да испада из руку фиока полица
сломи ти се нокат
ушинеш леђа на столици спотакнеш се о кутију
неко просипа по ко зна који пут воду
са трећег спрата право мени низ прозор

Малограђани богатог вокабулара псовки
ословљавају са „Госпођо, знате"
и госпође великог капацитета плућа са
„Али Ви мене не разумете"
били би они другачији
још блеђи само да је успела прошла ноћ
само да је успео један стих једна реченица

О како мрзим када неко пред мојим очима
згази бубу убије лептира поквари музику
пљуне на улици опсује у цркви
удари слабијег од себе
гура се у реду са дахом од синоћње ракије
и не кочи пред баром

Призивам мир
и мудре реченице великих људи
само пет минута мира
инквизиција куга само да нестану
да дође време да се крене кући
да добијем крила и заборавим
да је бесповратно утекао још један дан
и мирно утонем у свој свет

Народи

Посматрамо се
испитивачки
из далеких градова
иза тајних прозора

Знање се краде осмехом
Врти се чигра старог (заната)

Фотографија продаје причу

Спојићемо се на средини књиге
кад истим речима
будемо дочаравали
различите слике
својих страдања

Подељени

Поново на почетку
Ви и ја
тако лепо наштимовани
чуће нас до висина

Ко је гори
ко је лепши

Наши змијски језици
више подсећају на сујету
него отров

Голи или обешени

Исто се хвата ако покидамо штитове
први гости лешинари долазе на посао
а ми знамо да се враћају празних кљунова
само ако живимо у заједници

Тако да иако ме не волите
опет смо једно
кад дођемо на крај опет у круг
све остало је питање брзине

Секунда

Литица је страх
тесно везан о изгубљено
подсетник исклијалог семена

Човек је прилазио немило
покретом старца

Речено је да нема довољно маште
виспрености за победу
у костима глине обликовања

Остало је визија о успеху

Још није касно
човек се бацио са моста

Помало стидљиво
окупао тело у језеру
фабрика и киша

Узео крст у руке
и кренуо на град

Почело је (Рагнарок[2])

Кренули смо нерадо
у нека боља времена
погрбљени и тужни
прешли реку и оставили
прах и трулеж
похлепних створења
купљених светлом блица и аплаузом руље

Одрпани као просјаци
светлимо златним Сунцем
на грудима кријемо знак
одабраних да оду

Звали су нас сенкама — када смо их посматрали
звали су нас манекенима — када смо показивали
лица и тела
тровачима — кад смо у песме уткали мудрост

Кренуло је Богови су отишли
животиње су слободне
и једне другима кидају трбухе
и једне друге тапшу по рамену

За ситне новце — велике речи
нерадо служе некадашњим људима
малим песмама и малим делима

² *Рагнарöк ("судбина богова") је у Нордијској митологији битка за крај света. Один против злог Локија. Сви из борбе ће погинути и готово цели свет биће уништен.*

Лотос

А када процветамо
мирисом хиљаду лотоса
биће то пролеће
пролеће века и осмеха
а моји патуљци ће нас бодрити

Обећавам најслаткоречивије могуће
има све да вам дам
све што не могу купити
и обећавам
да ћу мало од тог слатког цвећа и узети

III

Ниво

Себични мали гад дошао до тајних слова
сад скапава од илузије да коначно није сам
за опстанак је хитно потребан нови језик
црви се хаотично коте у јабукама

Луна

Тражила сам ноћас
у бледом оку Месеца
свој изгубљени Јанг

Рукама обликовала твоје лице
сјајем преливено

Ћутња си у тешким сатима самоће
Ти који знаш све тајне одговоре
а питањима
затежеш омчу
мог постојања

Почетак

Још једном пружене руке
још једном оправдан страх

Премного блискости
познате музике
различитог ритма
чини да поверујем у сан

Ја сам вилинска прича
храним се сновима
постојиш ли
довољно храбар
довољно стваран
да утонеш у тонове
самих висина

Да будеш вољен
а не прича велике књиге
што има бајковит почетак

Тренутком се чини срећа
а вечношћу моменат издаје
кад остајеш сам
између беса и суза
кад бол топи глечер

око срца

Све ја то знам душо
разочарења остављају траг
али и скупљају мудрост

Призивам те као што
дан призива ноћ
у топли загрљај и сусрет погледа
сјајног и лепршаво-нестварног тренутка

Учим се стрпљењу шамана
да разумем и волим нас

Било је

Мир
Саплетен
о неспокој
титрави пламен свеће
Препуштен
одузет
обузет
тихо јецаш
а не знаш зашто

Лепо је истрчати
ван себе
испаштати и молити
за још један дан
када се погубе дани

Језеро на ливади
стакленост воде
у крвотоку
струји неизвесност

Учињена дела
као неучињена
прећутано волим те
као невољено

Свети Пољубац
снажан загрљај

Киша ће спрати
прашину са слике

Неки други

Неке жене су лепе само на сликама
неке ствари су добре само у пролазу
како да се препознамо
ако се будемо срели

Велики странци
истог бола и терета живота
ка другим градовима
пружамо руке

Неки људи су саткани од бисера
неке ствари те заледе тајном
и не открију никад

Победа светлости

Дошао је брзо
са црним слугама
одлучним кораком
газио златну стазу
ослањајући руку на јабуку мача

Погрешним речима сам га дозвала
сад стоји као лакрдијаш пред олтаром
у гримизном плашту
сребрних суза

Пролебдео је до мене
успореним покретом
као да је постојање тек дах
посегнуо за знаком на мом челу

Упалила сам ватру из страха
и светло из радозналости
мој страшни принц ме напустио пре свитања

Остао је само траг
слузав и црвен
као кад се роди дете

Занос

Удахни лагано
дошли смо до колибе
сигурног заклона

Како је мила рука слободе
прослављена загрљајима

Она је Визија
на леђима носи светове
грехове
птице

Очи су нам превише плачне
само смо тела и обриси
пусти ме да идем
замисли

Ми смо скривени
они су тајни

Зар не желиш да живиш

Слуга

Још једном сам слуга
ноћи немирног духа
исувише ме воли
да бих дозволила сан

Затвореник у очају
док бесно притиска
дланове у очи
да настане прекид

Ноћ је кучка
и зна да насмеши
када јој се плаче
вешта љубавница
невештог ратника
наруга се јутру

Не могу да растумачим
да ли је плафон крив
што не видим звезде

Слуга I

Безизражајна усамљеност
тела и несмирива
јека духа
плету гоблен лажи
у лажним обећањима

Док свет мирно спава
пар лудака кује
паклене планове за сутра
и сусрет у огледалу
са оном истом кучком
насмејаном до уха
— топим руке у очима и стискам
да отпочне мрак —

Скидам штит и узимам мач
да преломим слабашну светлост
обећавајућег дана

Доријану

Време је упорна ружна пратиља
Која те дочека на стакленим ногама
Језиви врисак покајања
Када се проломи
Иза огледала

Једина *(мојој мајци)*

Уткана у лепоту
слова
Ни жива ни мртва
а своја
Трајеш а не знаш
чему и како
Какав је то усуд
живљења
Знати да је бисер
склизнуо са твог длана
Још пре младости
питаш се да ли ико слути
Где је та огрлица
са нанизаним речима
Лепим и милим само за тебе
куда је нестала благост осмеха
Када су давања постала отимања
Ломача за зрно слободе

Водоглед

Слободан пут
у привлачност непознатог
траг првог гласа
и последњег поздрава

Мама и тата су слике
речи и дела
љубав једна весела

Чује се наређење масе
„Време је да се одрасте
отворите стране о ратовима и мржњи
пропадању и јадима"

Ни по цену живота
не падам на страх

Од наших суза
израшће детелина
она што доноси
сву срећу света

Радоснице пакоснице
идемо даље и више
није тешко

само мало усече на раменима
тежина терета

То је знак Промене
Човек се буди у нама
И мама
И тата

Под водом

Није довољно
Мораш више
Та толико нас је у врелу
Није
Мораш
У праву сам

Конкуренција је превелика
И никад лакша
Промени град
Промени пол
Боју очију
Веру
Шта год
Долази лед

Леде се мале земље
Кидају и цепају

Угаси телевизор
О како се ништа не мора
А ја те терам

НЕБЕСКИ РУКОПИС

Схватиш ли да је ово велики хумор
У чамцу за преживљавање
Даћу ти тајну моћ дисања под водом

Валхала за песника

Ледено јутро у парку генија
Пустош зимолика
са разбијеним флашама
пропалим песничким сновима

Она је стрпљиво чекала
као увек
недара пуних погледа

Своје речи затрпала је
у свет биљака
тако мила и драга
да не постоји
већ дише Дисањем
целог човечанства

Крива за Уметност
и поново оне паркове
састајања и растајања
свих годишњих доба
никада није отишла

Безвремена је и сузом окупана
сваки пут када се у њен мајчински загрљај
врати одбегла душа

Кратка

Што краћа
Као секунда
Када ти побегне аутобус
(а прошли су минути)

И као ехо поздрава
Када те остави вољено биће
(а само си ти волео)

ПЕСМЕ О ЧОВЕКУ ПОБЕДНИКУ

Изводи из рецензије Љубомира Ђорилића

... *Небески рукопис* је књига одмакле песничке младости, али довољно промишљена да најави „профилисање" евидентног песничког дара. Не бавећи се експерименталним моделирањем, књига је структурно организована као јединствен рукопис, тематски усмерена на вечну поетичку матрицу, а изражајно (формом и језиком, пре свега) опредмећена као свесно обликовани модел. Успела је ова песникиња да кроз целу књигу провуче лирску линију која, у првом, а нарочито у другом делу, добија наглашени мисаони тон.

У првом делу (*I*) су песме о страху од писања, о тамнини која препокрива свет, о просветљавању пута кроз живот, неостварeној лепоти, откривању смисла бесмртности, о превари суморног живота у двехиљадитим годинама, о писању, трајању, узвишеном пламену бића, о песницима који се труде да „поправе светло белих Еона", па и о „удивљењу писањем".

Други део (*II*) са знатно више рафинираности и рефлексивности покушава да проникне у обмањујући смисао бајке, која, неретко, пада пред реалном тежином стварности у којој само беспоштедна борба са намноженим силама зла може донети узлет у висине живота и стварања.

Песмама из другог дела Снежана Чкојић настоји да однегује менталитет победника као једини смислени избор. Како развија тезу о победничкој природи човека?

Смисао таквог настојања најављује већ прва песма *Зелена*, стиховима: „... грозног ли времена што бајке чини смешним", или, „губиће се ципелице и јести слатке јабуке, / и принчеви неће бити коњи већ они прави, / што оживљавају пољупцима". Није, наравно, реч о оном познатом стереотипу „и живели су срећно до краја живота", већ о „оживљавању" за борбу са силама времена које не дају никоме спокоја. У тој борби има и пораза и победа, али, човеков биланс требало би да буде, превасходно, победнички. То одмах подразумева да је неопходно разумети „алхемију живота" и досегнути „мисао Воде" (*Сива Вода*).

У том духу, песма *Свет* поставља важно питање: „Да ли је срећа у томе да се не пати / због тешких времена, сулудих уметника / пропуштених прилика, / пропасти надарених, / и промашених живота", или у томе да „свако себи искује свет у који ће да оде, / искључи се из невремена"? Стих по стих, стижемо и до крунских питања: Да ли ће се, у том случају, „нешто променити"; да ли ће „нестати и овог света"; постоји ли „избор промене / и нада за поправку непоправљивог"?

Значења песама умножава то што питања остају отворена, песнички неодгонетнута. Само стих „сат откуцава сутра" има значење приближено одгонетки; све остало је магија поезије. Наставља се, дакле, живот какав јесте, „моћ преображаја" постаје само моћ песме (песма *Отров*). Јава је „постала дубока", па песникиња своју тезу о променама артикулише као тезу о потреби промене „опустошених осећања" (*Говорнику*), настојећи да сагледа себе (човека!) стиховима: „Врата иза огледала / отварају се сопственим одразом" (*Врата*). То су „врата" иза којих су „огледала / могућности за отварање нових простора".

У овом делу књиге има и песама које на ироничан начин развејавају сумњу у могућност прекорачења прага неуспешности, подгревајући наду у стварно „проглашење победника", без обзира што „маса" уме да „попљује" и победника „благосиља каменицама" (*А мислио си да нећеш никад*).

За развијање „тезе о победнику" врло је битно и сазнање да „више нису други бољи", јер, „велика уметност је за великог човека, / једина је мисија попети се / степеницама са сјајним ногама". А дотле је важно бити не само „самокритичан", него имати довољно и самопоуздања, надати се. Само се надањем може стварати и победити. У том смислу посебно је актуелна песма *Платно*, не само као једна од најлиричнијих и најпрочишћенијих, него и изразом најпривлачнија. Њоме песникиња тражи сигуран ослонац:

„Учврсти ми ноге за земљу
да се не померим, да се не окренем".

Као истински лирски беседник, ослонац налази у мушкарцу, и то у његовој „пахуљи која греје", у снази која може да „задржи кормило", јер, могло би да „подивља", па да се „преврну бродови, и сломи све што се нађе испред" (парафраза стихова).

Песникиња повремено налази упориште за своју мисао и у староиранској религији и нордијској митологији. Призива староирански мит о „Вечном сунцу" (Sol Aeternus — божанство) да би учврстила уверење о пролазности тегоба и патњи нашег века и нашла мир у „молитви за мирно плутање кроз ноћ". Уверена, као и божанство, да „време лечи све ране", налази функционалне стихове:

„Нисмо ли саткани од Сунца
да се загрејемо и делом од Воде
да се исплачемо?".
(*Аион*)

Речи „Сунца" и „Воде" пише великим словом не би ли нас и тако убедила да потпуно, без остатка, прихвата староиранску религијску мудрост.

Нордијски мит о мудрости отеловљује ликом Бога Одина (врховног Бога мудрости поезије и магије). Њега

ПЕСМЕ О ЧОВЕКУ ПОБЕДНИКУ

уграђује у стихове песме *Херој*, којом доста промишљено обзнањује свест о значају поетичке „расправе". Усвојење овог мита потврђује да је песникиња стигла до самоспознаје немоћи песме да било шта саопшти без искуства времена, односно, без религије и митова. Тек уз њихову помоћ може да се допре до продубљеног смисла и поруке.

Други призвани нордијски мит такође је везан за Бога Одина, само што, у овом миту, Один води непрестану битку против злог Локија за спасење света (песма *Почело је (Рагнарок)*). Та је песма поетичка варијација основног мотива целе књиге: борбе зла и добра. Упркос свим спознајама о катаклизматичности времена, песникиња је на страни Бога Одина. Спас света је једини излаз за човечанство. Ова је песма истовремено и мали есеј о поезији и њеној функцији у времену, пев који светли „Златним Сунцем", одагнава суморне облаке и мисли о могућој апокалипси.

Највише поетичког оптимизма налазимо у песми *Лотос*:

„А кад процветамо
мирисом хиљаду лотоса
биће то пролеће,
пролеће века и осмеха".

Лотос је песма најизразитијег поетичког тријумфа над апокалиптичним осећањем света које, местимично, прожима ову књигу. И тријумфа „победе", као најпожељнијег исхода сваке борбе. „Победа" је лајт-мотив који се, као лирска нит, провлачи кроз целу књигу.

Трећи део (*III*) *Небеског рукописа*, који у много чему јесте „небески", доноси песме љубавне и породичне, као логичан наставак претходних „победничких" асоцијација и медитација. Љубав се јавља у пуној платонској и чулној снази, као платонска мора и као чулна сензација. И овде се љубав обзнањује као темељ света, почетак и доказ блискости, као шкриња пуна снова, вилинских прича, пољубаца и спајања, као потврда „нестварног тренутка" у односу на време у коме живимо, преоптерећени свакојаким разочарањима.

Могло би се помислити при првом читању да се песникиња потпуно предаје љубави као емотивном стању душе и тела. То, међутим, није тако. Узимајући све у обзир, песникиња назначује да уз љубав иде пуно „обазривости, стрпљења шамана (опет асоцијација на религију као молитвену форму живота). То је неопходно да не би, уз безброј „Светих пољубаца" и „снажних загрљаја", било и љубоморе, погрешних речи, лажи, изневерених надања, „сребрнастих суза"...

Овом песничком кругу припадају и песме о породичној љубави (према родитељима — „љубав једна весела / несвесна и сигурна").

Књигу затвара једна од бољих песама (*Валхала за песника*) којом нас ова промишљена песникиња враћа на почетак расправе о неопходности поезије и уметности уопште, као мудре творевине, за коју су „криви" баш они — уметници. Људи од дара и умећа...

БЕЛЕШКА О ПЕСНИКИЊИ

Снежана Чкојић рођена је 3. априла 1984, у Ваљеву.

Похађала је ВИПОС Ваљево, одсек Информационе технологије, смер Електронско пословање, где је и дипломирала.

Поезија јој је објављивана у више књижевних часописа и зборника у Србији.

Добитница је I награде на Књижевним сусретима у Смедеревској Паланци 2011. године; представник Србије 2009. и 2010. године на Карамановим поетским сусретима у Македонији; представник Србије на Првим регионалним поетским сусретима у Брчком 2012; учесник Лириконфеста у Словенији 2013. године.

Члан је Књижевне заједнице Ваљева, и Арт групе „Акт" из Ваљева.

Објавила је збирке песама:

Душа ходи кроз ветар (2007)
Свитање у Мидгарду (2009)

Воли оперу. Похађала је часове оперског певања и ванредно завршила музичку школу.

САДРЖАЈ

Страх..................3

I................5
Плаво................7
Фауна................8
Свитац................9
Духовима................10
Подсећање................11
Откриће 1938. 12
Обртање — низови................14
Хладниринт................16
Нова................17
Крадљивац................18
Чвор................19
Корито................20
Магла................21
Да умреш од смеха................22
Потапање бродића................23

II................25
Зелена................27

САДРЖАЈ

Сива Вода..............28
Свет..............29
Отров..............30
Говорнику..............31
Ситница..............32
Врата..............33
А мислио си да нећеш никад..............34
Платно..............36
Аион (Марини)..............38
Супернова..............39
Херој..............40
Путник..............42
Срећа..............44
Другар..............45
Ходање..............47
Одмор..............49
Карма..............50
Простачка са мањком филозофије..............51
Народи..............53
Подељени..............54
Секунда..............55
Почело је (Рагнарок)..............56
Лотос..............58

III..............59
Ниво..............61
Луна..............62
Почетак..............63
Било је..............65

САДРЖАЈ

Неки други..............67
Победа светлости..............68
Занос..............69
Слуга..............70
Слуга I..............71
Доријану..............72
Једина (мојој мајци)..............73
Водоглед..............74
Под водом..............76
Валхала за песника..............78
Кратка..............79

ПЕСМЕ О ЧОВЕКУ ПОБЕДНИКУ..............81
Белешка о песникињи..............89

Снежана Чкојић
НЕБЕСКИ РУКОПИС

Лондон, 2024

Издавач
Globland Books
27 Old Gloucester Street
London, WC1N 3AX
United Kingdom
www.globlandbooks.com
info@globlandbooks.com

www.ingramcontent.com/pod-product-compliance
Lightning Source LLC
Chambersburg PA
CBHW052201110526
44591CB00012B/2039